תְּפִלַּת שַׁחֲרִית לְשַׁבָּת

THE SHABBAT MORNING SERVICE

BOOK 1

The Shema
& Its Blessings

קְרִיאַת שְׁמַע וּבִרְכוֹתֶיהָ

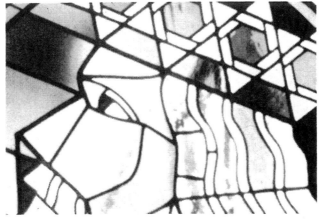

תְּפִלַּת שַׁחֲרִית לְשַׁבָּת

THE SHABBAT MORNING SERVICE

1 The Shema & Its Blessings

קְרִיאַת שְׁמַע וּבִרְכוֹתֶיהָ

Commentary by Jules Harlow

Exercises by Roberta Osser Baum

BEHRMAN HOUSE

Designer Robert J. O'Dell

Illustrator Nachman Levine

Project Editor Ruby G. Strauss

ISBN: 0-87441-417-2 / ISBN 13: 978-0-87441-417-2

Manufactured in the United States of America

www.behrmanhouse.com

INTRODUCTION

You are ready to study the Shabbat Morning Service (תְּפִלַּת שַׁחֲרִית לְשַׁבָּת). This book will teach you the part of the service beginning with The Call to Worship (בָּרְכוּ).

There are two parts of the service that come before בָּרְכוּ. They help us to get into the proper mood to pray. The first part is called the Morning Blessings (בִּרְכוֹת הַשַּׁחַר). These blessings thank God for the renewal of life in a new day. The second part is called the Verses of Song (פְּסוּקֵי דְזִמְרָה). These are psalms of praise and gratitude.

This book begins with בָּרְכוּ and continues with the Shema and its Blessings (קְרִיאַת שְׁמַע וּבִרְכוֹתֶיהָ). This part of תְּפִלַּת שַׁחֲרִית לְשַׁבָּת is one of the oldest parts of the morning service. It was recited every day in the ancient Temple in Jerusalem.

As you learn to read and understand the prayers, you will find yourself becoming more and more comfortable in the synagogue. When you complete this book, you will be able to participate in the first part of the Shabbat Morning Service.

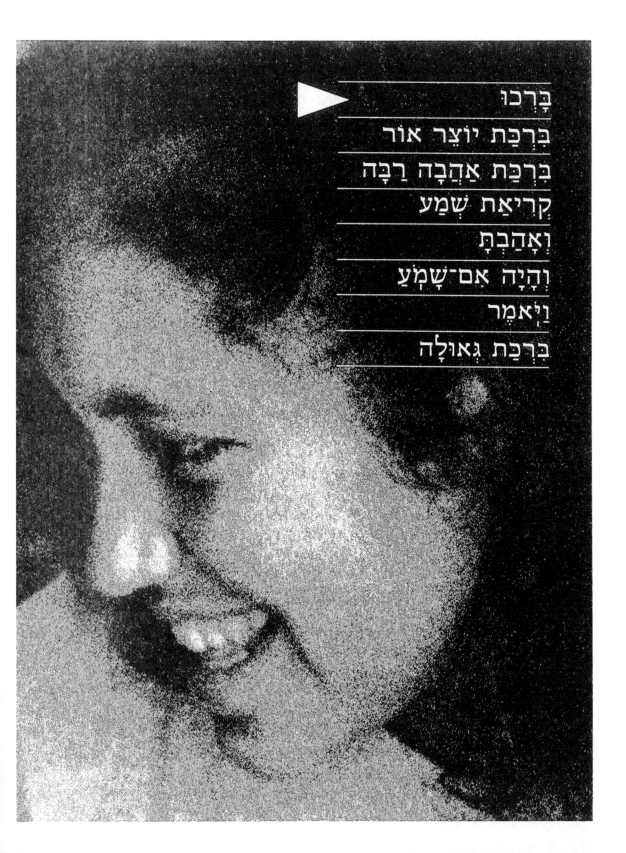

בָּרְכוּ is a public call to worship. Some prayers cannot be recited without a community of ten (or more) participants. This minimum number is called a *minyan*. בָּרְכוּ cannot be recited without a מִנְיָן.

The leader of the service bows and chants "Let us praise the Lord, the Blessed One," inviting the congregation to join in prayer. The congregation accepts the invitation, responding "Praised be the Lord, the Blessed One, for all eternity." As we say the word בָּרוּךְ, we bow.

בָּרְכוּ helps us prepare our thoughts and hearts for prayer.

בָּרְכוּ

בָּרְכוּ אֶת־יְיָ הַמְבֹרָךְ.

Let us praise the Lord, the Blessed One.

בָּרוּךְ יְיָ הַמְבֹרָךְ לְעוֹלָם וָעֶד.

Praised be the Lord, the Blessed One,
for all eternity.

PRAYER STUDY

In Hebrew the call to worship is named ______________________

The Hebrew word for Lord is ______________________________

How many times does the word יְיָ appear in בָּרְכוּ? ______

Another Hebrew word appears twice in בָּרְכוּ. Write that word here. ________________________

The English meaning for the word בָּרְכוּ is ________________

Fill in the missing words.

______________ אֶת יְיָ הַמְבֹרָךְ

בָּרוּךְ יְיָ הַמְבֹרָךְ ______________ וָעֶד

בָּרְכוּ אֶת יְיָ ______________

______________ יְיָ הַמְבֹרָךְ לְעוֹלָם וָעֶד

Write the vowels.

בּרכו   את   יי   המברך

בּרוך   יי   המברך   לעולם   ועד

MEMORY CHALLENGE

Can you recite בָּרְכוּ by heart?

THE ALEF BET

א בּב ג ד ה ו
ז ח ט י כּכך ל
מם נן ס ע פּפף
צץ ק ר שׁשׂ תּת

There are 22 letters in the Hebrew alphabet. If you count the Hebrew characters above, you might think that there are 32. But if you look carefully, you will see that some letters are printed close to each other. These are family letters. Each family is counted as a single letter, giving us 22 letters.

These are family letters: בּב כּכ פּפ שׁשׂ תּת

Connect the family letters below.

פ כּ שׂ שׁ ת כּ

ב שׂ כּ ב כ פ

שׁ בּ פּ כ בּ תּ

ת פּ תּ פ שׁ שׂ

כ תּ בּ ת פּ ב

Write the missing family letter.

שׁ ___ בּ ___ פ ___ שׂ ___ ת ___

תּ ___ כּ ___ ב ___ פּ ___ כ ___

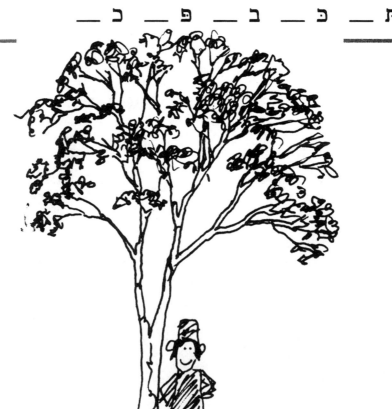

Final letters are also members of a family. Five Hebrew letters have a special final form. The final form of the letter always comes at the end of a word.

כּכך מם נן פּפף צץ

Connect each Hebrew letter to its family member.

ץ	מ	כ	פּ	ם	כ
ם	כּ	ן	מ	ן	מ
ף	צ	ף	ץ	ץ	נ
ן	פּ	צ	נ	ך	צ
ך	נ	ם	ך	ף	פּ

Write the missing final letters in each family.

מ ___ צ ___ כּ ___ נ ___

פּ ___ כ ___ פּ ___

Circle the two letters that have a different sound from the other letters in the family.

פּפף מם נן כּכך צץ

Which final Hebrew letters appear in the call to worship? ___ ___

ROOTS

Hebrew verbs and nouns are constructed from groups of letters called roots.

Each root has a meaning that can be found in a Hebrew dictionary.

A root almost always has three letters.

A root has no vowels.

Many Hebrew words can come from one root.

ב־ר־ך is an important root in prayers.

Write the root of each of the following words. (Remember the family letters you have learned.)

בָּרוּךְ ____ ____ ____

בָּרְכוּ ____ ____ ____

הַמְבֹרָךְ ____ ____ ____

Write the English meaning of each Hebrew word from the root

ב־ר־ך ______________ ______________

_____	מ	_____	א
_____	נ	_____	בּ
_____	ן	_____	ב
_____	ס	_____	ג
_____	ע	_____	ד
_____	פּ	_____	ה
_____	פ	_____	ו
_____	ף	_____	ז
_____	צ	_____	ח
_____	ץ	_____	ט
_____	ק	_____	י
_____	ר	_____	כּ
_____	שׁ	_____	כ
_____	שׂ	_____	ל
_____	תּ	_____	מ
_____	ת		

We recite two blessings before קְרִיאַת שְׁמַע. The first is בִּרְכַּת יוֹצֵר אוֹר. This very long blessing praises God for the gift of Creation.

בִּרְכַּת יוֹצֵר אוֹר

1 בָּרוּךְ אַתָּה יְיָ, אֱלֹהֵינוּ מֶלֶךְ הָעוֹלָם, יוֹצֵר אוֹר

2 וּבוֹרֵא חְשֶׁךְ, עֹשֶׂה שָׁלוֹם וּבוֹרֵא אֶת־הַכֹּל.

Praised are You, Lord our God, King of the universe who forms light and creates darkness, who makes peace and creates all things.

God brings forth the sun and the moon to shine upon the world, renewing the work of creation every day.

3 הַכֹּל יוֹדוּךָ, וְהַכֹּל יְשַׁבְּחוּךָ, וְהַכֹּל יֹאמְרוּ, אֵין

4 קָדוֹשׁ כַּיְיָ. הַכֹּל יְרוֹמְמוּךָ סֶּלָה, יוֹצֵר הַכֹּל.

5 הָאֵל הַפּוֹתֵחַ בְּכָל־יוֹם דַּלְתוֹת שַׁעֲרֵי מִזְרָח,

6 וּבוֹקֵעַ חַלּוֹנֵי רָקִיעַ, מוֹצִיא חַמָּה מִמְּקוֹמָהּ,

7 וּלְבָנָה מִמְּכוֹן שִׁבְתָּהּ. וּמֵאִיר לָעוֹלָם כֻּלּוֹ

8 וּלְיוֹשְׁבָיו, שֶׁבָּרָא בְּמִדַּת רַחֲמִים. הַמֵּאִיר

15

לָאָרֶץ וְלַדָּרִים עָלֶיהָ בְּרַחֲמִים, וּבְטוּבוֹ מְחַדֵּשׁ ⁹

בְּכָל־יוֹם תָּמִיד מַעֲשֵׂה בְרֵאשִׁית. הַמֶּלֶךְ ¹⁰

הַמְרוֹמָם לְבַדּוֹ מֵאָז, הַמְשֻׁבָּח וְהַמְפֹאָר, ¹¹

וְהַמִּתְנַשֵּׂא מִימוֹת עוֹלָם. אֱלֹהֵי עוֹלָם, ¹²

בְּרַחֲמֶיךָ הָרַבִּים רַחֵם עָלֵינוּ, אֲדוֹן עֻזֵּנוּ, צוּר ¹³

מִשְׂגַּבֵּנוּ, מָגֵן יִשְׁעֵנוּ, מִשְׂגָּב בַּעֲדֵנוּ. ¹⁴

God is incomparable.

אֵין כְּעֶרְכְּךָ, וְאֵין זוּלָתֶךָ, אֶפֶס בִּלְתֶּךָ, ¹⁵

וּמִי־דּוֹמֶה לָּךְ. ¹⁶

אֵין כְּעֶרְכְּךָ יְיָ אֱלֹהֵינוּ בָּעוֹלָם הַזֶּה ¹⁷

וְאֵין זוּלָתְךָ מַלְכֵּנוּ לְחַיֵּי הָעוֹלָם הַבָּא ¹⁸

אֶפֶס בִּלְתְּךָ גּוֹאֲלֵנוּ לִימוֹת הַמָּשִׁיחַ ¹⁹

וְאֵין דּוֹמֶה־לְּךָ מוֹשִׁיעֵנוּ לִתְחִיַּת הַמֵּתִים. ²⁰

16

We recite בִּרְכַּת יוֹצֵר אוֹר every morning. On שַׁבָּת we add a
poem called אֵל אָדוֹן. It reminds us that God is the Creator of
all things, including the rest and peace of שַׁבָּת.

21 אֵל אָדוֹן עַל־כָּל־הַמַּעֲשִׂים

22 בָּרוּךְ וּמְבֹרָךְ בְּפִי כָּל־נְשָׁמָה.

23 גָּדְלוֹ וְטוּבוֹ מָלֵא עוֹלָם

24 דַּעַת וּתְבוּנָה סוֹבְבִים אֹתוֹ.

25 הַמִּתְגָּאֶה עַל־חַיּוֹת הַקֹּדֶשׁ

26 וְנֶהְדָּר בְּכָבוֹד עַל־הַמֶּרְכָּבָה.

27 זְכוּת וּמִישׁוֹר לִפְנֵי כִסְאוֹ

28 חֶסֶד וְרַחֲמִים לִפְנֵי כְבוֹדוֹ.

29 טוֹבִים מְאוֹרוֹת שֶׁבָּרָא אֱלֹהֵינוּ

30 יְצָרָם בְּדַעַת בְּבִינָה וּבְהַשְׂכֵּל.

31 כֹּחַ וּגְבוּרָה נָתַן בָּהֶם

32 לִהְיוֹת מוֹשְׁלִים בְּקֶרֶב תֵּבֵל.

33 מְלֵאִים זִיו וּמְפִיקִים נֹגַהּ

34 נָאֶה זִיוָם בְּכָל־הָעוֹלָם.

35 שְׂמֵחִים בְּצֵאתָם וְשָׂשִׂים בְּבוֹאָם

36 עוֹשִׂים בְּאֵימָה רְצוֹן קוֹנָם.

פְּאֵר וְכָבוֹד נוֹתְנִים לִשְׁמוֹ 37

צָהֳלָה וְרִנָּה לְזֵכֶר מַלְכוּתוֹ. 38

קָרָא לַשֶּׁמֶשׁ וַיִּזְרַח אוֹר 39

רָאָה וְהִתְקִין צוּרַת הַלְּבָנָה. 40

שֶׁבַח נוֹתְנִים־לוֹ כָּל־צְבָא מָרוֹם 41

תִּפְאֶרֶת וּגְדֻלָּה, 42

שְׂרָפִים וְאוֹפַנִּים וְחַיּוֹת הַקֹּדֶשׁ. 43

We thank God for establishing the Sabbath as a day of delight.

לָאֵל אֲשֶׁר שָׁבַת מִכָּל־הַמַּעֲשִׂים, בַּיּוֹם הַשְּׁבִיעִי 44

הִתְעַלָּה, וְיָשַׁב עַל־כִּסֵּא כְבוֹדוֹ. תִּפְאֶרֶת עָטָה 45

לְיוֹם הַמְּנוּחָה, עֹנֶג קָרָא לְיוֹם הַשַּׁבָּת, זֶה 46

שֶׁבַח שֶׁלַּיּוֹם הַשְּׁבִיעִי, שֶׁבּוֹ שָׁבַת אֵל מִכָּל־ 47

מְלַאכְתּוֹ, וְיוֹם הַשְּׁבִיעִי מְשַׁבֵּחַ וְאוֹמֵר: מִזְמוֹר 48

שִׁיר לְיוֹם הַשַּׁבָּת, טוֹב לְהוֹדוֹת לַיָי. לְפִיכָךְ 49

יְפָאֲרוּ וִיבָרְכוּ לָאֵל כָּל־יְצוּרָיו, שֶׁבַח, יְקָר, 50

וּגְדֻלָּה. יִתְּנוּ לָאֵל מֶלֶךְ יוֹצֵר כֹּל, הַמַּנְחִיל 51

מְנוּחָה לְעַמּוֹ יִשְׂרָאֵל בִּקְדֻשָּׁתוֹ, בְּיוֹם שַׁבַּת 52

קֹדֶשׁ. שִׁמְךָ יְיָ אֱלֹהֵינוּ יִתְקַדַּשׁ, וְזִכְרְךָ מַלְכֵּנוּ 53

יִתְפָּאַר, בַּשָּׁמַיִם מִמַּעַל וְעַל־הָאָרֶץ מִתָּחַת. 54

תִּתְבָּרַךְ מוֹשִׁיעֵנוּ עַל־שֶׁבַח מַעֲשֵׂה יָדֶיךָ, וְעַל־

מְאוֹרֵי־אוֹר שֶׁעָשִׂיתָ, יְפָאֲרוּךָ סֶּלָה.

תִּתְבָּרַךְ צוּרֵנוּ, מַלְכֵּנוּ, וְגוֹאֲלֵנוּ, בּוֹרֵא

קְדוֹשִׁים. יִשְׁתַּבַּח שִׁמְךָ לָעַד מַלְכֵּנוּ, יוֹצֵר

מְשָׁרְתִים, וַאֲשֶׁר מְשָׁרְתָיו כֻּלָּם עוֹמְדִים בְּרוּם

עוֹלָם, וּמַשְׁמִיעִים בְּיִרְאָה יַחַד בְּקוֹל דִּבְרֵי

אֱלֹהִים חַיִּים וּמֶלֶךְ עוֹלָם. כֻּלָּם אֲהוּבִים, כֻּלָּם

בְּרוּרִים, כֻּלָּם גִּבּוֹרִים, וְכֻלָּם עוֹשִׂים בְּאֵימָה

וּבְיִרְאָה רְצוֹן קוֹנָם. וְכֻלָּם פּוֹתְחִים אֶת־פִּיהֶם

בִּקְדֻשָּׁה וּבְטָהֳרָה, בְּשִׁירָה וּבְזִמְרָה, וּמְבָרְכִים,

וּמְשַׁבְּחִים, וּמְפָאֲרִים, וּמַעֲרִיצִים, וּמַקְדִּישִׁים,

וּמַמְלִיכִים.

We praise God, our great and holy King.

אֶת־שֵׁם הָאֵל הַמֶּלֶךְ הַגָּדוֹל הַגִּבּוֹר וְהַנּוֹרָא,

קָדוֹשׁ הוּא. וְכֻלָּם מְקַבְּלִים עֲלֵיהֶם עֹל מַלְכוּת

שָׁמַיִם זֶה מִזֶּה, וְנוֹתְנִים רְשׁוּת זֶה לָזֶה,

לְהַקְדִּישׁ לְיוֹצְרָם בְּנַחַת רוּחַ, בְּשָׂפָה בְרוּרָה

וּבִנְעִימָה, קְדֻשָּׁה כֻּלָּם כְּאֶחָד עוֹנִים וְאוֹמְרִים

בְּיִרְאָה:

⁷³ קָדוֹשׁ, קָדוֹשׁ, קָדוֹשׁ, יְיָ צְבָאוֹת, מְלֹא כָל-

⁷⁴ הָאָרֶץ כְּבוֹדוֹ.

⁷⁵ וְהָאוֹפַנִּים וְחַיּוֹת הַקֹּדֶשׁ, בְּרַעַשׁ גָּדוֹל

⁷⁶ מִתְנַשְּׂאִים לְעֻמַּת שְׂרָפִים, לְעֻמָּתָם מְשַׁבְּחִים

⁷⁷ וְאוֹמְרִים:

⁷⁸ בָּרוּךְ כְּבוֹד-יְיָ מִמְּקוֹמוֹ.

God continues the work of creation every day, keeping all things in their proper course. Soon, we pray, God will send a new kind of light, the light of never-ending peace.

⁷⁹ לָאֵל בָּרוּךְ נְעִימוֹת יִתֵּנוּ, לַמֶּלֶךְ אֵל חַי וְקַיָּם

⁸⁰ זְמִרוֹת יֹאמֵרוּ, וְתִשְׁבָּחוֹת יַשְׁמִיעוּ. כִּי הוּא

⁸¹ לְבַדּוֹ פּוֹעֵל גְּבוּרוֹת, עֹשֶׂה חֲדָשׁוֹת, בַּעַל

⁸² מִלְחָמוֹת, זוֹרֵעַ צְדָקוֹת, מַצְמִיחַ יְשׁוּעוֹת, בּוֹרֵא

⁸³ רְפוּאוֹת, נוֹרָא תְהִלּוֹת, אֲדוֹן הַנִּפְלָאוֹת,

⁸⁴ הַמְחַדֵּשׁ בְּטוּבוֹ בְּכָל-יוֹם תָּמִיד מַעֲשֵׂה

⁸⁵ בְרֵאשִׁית, כָּאָמוּר: לְעֹשֵׂה אוֹרִים גְּדֹלִים, כִּי

⁸⁶ לְעוֹלָם חַסְדּוֹ. אוֹר חָדָשׁ עַל-צִיּוֹן תָּאִיר, וְנִזְכֶּה

⁸⁷ כֻלָּנוּ מְהֵרָה לְאוֹרוֹ.

⁸⁸ בָּרוּךְ אַתָּה יְיָ, יוֹצֵר הַמְּאוֹרוֹת.

Blessed are You, O Lord, creator of the heavenly lights.

PRAYER STUDY

The first three words of בִּרְכַּת יוֹצֵר אוֹר are found in every בְּרָכָה.

Write them here: ________ ________ ________

The first two lines have been translated for you.

What has God created?

____

How many lines are there in בִּרְכַּת יוֹצֵר אוֹר? ____

Look at the last line of בִּרְכַּת יוֹצֵר אוֹר.

The last sentence begins like the first sentence.

Write the Hebrew words here:

________ ________ ________

MEMORY CHALLENGE

Can you read the first two lines of בִּרְכַּת יוֹצֵר אוֹר without a mistake?

Can you recite these two lines by heart?

KEY WORDS TO READ AND UNDERSTAND

אָדוֹן	אֵל	גּוֹאֵל	יוֹצֵר	וּבוֹרֵא	אֵין
Master	God	Redeemer	forms	and creates	there is not any

הַכֹּל	בָּרוּךְ	מֶלֶךְ	קָדוֹשׁ	שָׁלוֹם	שֶׁמֶשׁ
all things	blessed, praised	king	holy	peace	sun

עוֹלָם	לְבָנָה	מֵאִיר	אוֹר
universe	moon	creates light	light

22

בִּרְכַּת יוֹצֵר אוֹר

TRANSLATE THE KEY WORDS

English אַנְגְלִית	Hebrew עִבְרִית
there is not any	______________
peace	______________
Redeemer	______________
sun	______________
King	______________
holy	______________
universe	______________
Master	______________
creates (light)	______________
blessed, praised	______________
God	______________
all things	______________
forms	______________
creates	______________
moon	______________
light	______________

Write each KEY WORD that contains a final letter.

__________ __________ __________

__________ __________ __________

A PREFIX IS A UNIT OF MEANING ATTACHED TO THE BEGINNING OF A WORD.

The following prefixes are often found with Hebrew words.

וּ	וַ	וְ	הָ	הַ	בָּ	בַּ	בְּ	לָ	לַ	לְ
and	and	and	the	the	in the	in the	in	to the for the	to the for the	to for

Fill in the Hebrew letters.

and ___ ___ ___

the ___ ___

to ___

for ___

in ___

in the ___ ___

to the ___ ___

for the ___ ___

The word עוֹלָם often has a prefix.

Write the word עוֹלָם as it appears in בִּרְכַּת יוֹצֵר אוֹר on the line indicated. Then write the missing English words.

line 1 __________ ___ universe

line 7 __________ ___ ___ universe

line 12 __________ __________

line 17 __________ ___ ___ universe

You can find the word עוֹלָם in other places in

בִּרְכַּת יוֹצֵר אוֹר. Write the word exactly as it appears in the

following lines.

line 18 _____ line 23 _____

line 34 _____ line 60 _____

line 61 _____ line 86 _____

Words with the letters כ-ל often have a prefix.

הַכֹּל   וְהַכֹּל   בְּכָל

Which word has two prefixes? _____

Examine lines 1-10 in בִּרְכַּת יוֹצֵר אוֹר. Find and lightly

underline the nine words with the letters כ-ל.

Write the כ-ל word that does not have a prefix. _____

In line 87, which word is built on the letters כ-ל? _____

CHALLENGE

Words with the letters כ-ל appear many more times in

בִּרְכַּת יוֹצֵר אוֹר. Can you find them and write them here?

line 41 _____ line 44 _____

line 51 _____ line 59 _____

line 73 _____ line 84 _____

Write the word with the letters כ-ל found in line 61. _____

How many times does it appear in this line? _____

READING CHALLENGE

Can you read the first ten lines in בִּרְכַּת יוֹצֵר אוֹר

without a mistake?

ROOTS

מ־ל־ך is an important root.

The final letter in this root often changes its form.

ך belongs to the family letters ____ and ____.

In this family two letters sound alike: ____ ____.

One has a different sound: ____.

Circle the three root letters in each word below. Fill in the missing English word.

מַלְכוּתוֹ	מַלְכוּת	מַלְכֵּנוּ	מֶלֶךְ
His Kingdom	Kingdom	Our King	____________

The third root letter changed its form in three of the words. Write them here.

____________ ____________ ____________

Write the Hebrew words next to their English meanings.

King ____________ Kingdom ____________

Our King ____________ His Kingdom ____________

מֶלֶךְ can be written with a prefix.

Write the word מֶלֶךְ with its prefix.

Write the English translation too.

Line	Hebrew	English
10	__________	__________
61	__________	__________
67	__________	__________
79	__________	__________

ANOTHER IMPORTANT ROOT

ק־ד־ש is a root that means "holy."

קָדוֹשׁ is one form of this word.

How many times is this form repeated in line 73? __________

Write it:

__________ __________ קָדוֹשׁ

__________ __________ Holy

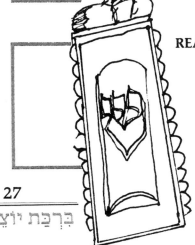

READING PRACTICE

קֹדֶשׁ הַקֹּדֶשׁ קָדוֹשׁ

קְדֻשָּׁה בִּקְדֻשָּׁה בִּקְדֻשָּׁתוֹ

לְהַקְדִּישׁ וּמַקְדִּישִׁים

MEMORY CHALLENGE

Can you learn this Hebrew by heart?

קָדוֹשׁ, קָדוֹשׁ, קָדוֹשׁ, יְיָ צְבָאוֹת,
מְלֹא כָל־הָאָרֶץ כְּבוֹדוֹ.

A SUFFIX IS A UNIT OF MEANING ATTACHED TO THE END OF A WORD.

נוּ is a suffix.

נוּ means "our," "us," "we."

The suffix נוּ can be added to these words.

גּוֹאֵל	מֶלֶךְ	אֵל
Redeemer	King	God

In the words below, נוּ means "our."

Circle the suffix. Write the English meaning.

גּוֹאֲלֵנוּ	מַלְכֵּנוּ	אֱלֹהֵינוּ
____________	____________	____________

מֶלֶךְ   מַלְכֵּנוּ

The final letter in the root changed its sound to _____.

אֵל   אֱלֹהֵינוּ

What letter and vowels were added before the suffix נוּ? _____

גּוֹאֵל   גּוֹאֲלֵנוּ

Circle the vowels that changed when the suffix נוּ was added.

Examine lines 13 and 14 in בִּרְכַּת יוֹצֵר אוֹר.

Find five other words with the suffix נוּ.

Write them here.

_____   _____   _____

_____   _____

Practice reading lines 17-20 in בִּרְכַּת יוֹצֵר אוֹר.

Write the words in this passage that have the suffix נוּ.

_____   _____   _____   _____

line 20   line 19   line 18   line 17

29

A SPECIAL PATTERN

You are going to find a special pattern within

בִּרְכַּת יוֹצֵר אוֹר.

Look at lines 21-43.

The name of this poem is אֵל אָדוֹן – The Lord is Master.

Lightly underline the first word in each line.

Now lightly circle the first letter of each underlined word.

What pattern did you discover? ____________________

Which letter is missing? __________

What letter was used in its place? __________

What do the two letters have in common? ____________________

REVIEW

How much easier it is to read this בְּרָכָה now!

Read the complete בִּרְכַּת יוֹצֵר אוֹר.

Look for the words you have learned.

Find the familiar roots!

Watch out for the prefixes and the suffix נוּ.

All words containing the letters כ-ל can be easily read.

Notice the pattern in אֵל אָדוֹן.

FLUENT READING

1 וְנוֹתְנִים וְאוֹמְרִים וּבְהַשְׂכֵּל וּבוֹרֵא וְהָאוֹפַנִּים
2 מִזְרָח וְרַחֲמִים זְכוּת וְנִזְכֶּה זִיו זוֹרֵעַ זִיוָם
3 מְחַדֵּשׁ הַמֶּלֶךְ הַשְּׁבִיעִי וְרִנָּה עֻזֵּנוּ כֻּלָּם
4 יוֹצֵר לְיוֹם לִהְיוֹת וְחַיּוֹת יוֹדוּךָ וּלְיוֹשְׁבָיו
5 חַיּוֹת בַּיּוֹם צִיּוֹן לִתְחִיַּת שֶׁלַּיּוֹם וַיִּזְרַח חַיִּים
6 דִּבְרֵי עָלֵינוּ שַׁעֲרֵי חַלּוֹנֵי לְחַיֵּי עֲלֵיהֶם וְאֵין
7 עֹשֶׂה קֹדֶשׁ בְּבֹאָם סְבִיבִים מְלֹא יֹאמְרוּ חֹשֶׁךְ
8 אַח כֹּחַ רוּחַ הַמָּשִׁיחַ הַפּוֹתֵחַ מַצְמִיחַ מְשַׁבֵּחַ
9 לְשַׁמֵּשׁ וּמְבֹרָךְ בְּטוּבוֹ הַמֶּרְכָּבָה עָטָה
10 הַשַּׁבָּת שָׁמַיִם שְׂרָפִים מִשְׂגָּב בְּשָׂפָה יִשְׁתַּבַּח
11 וְהַנּוֹרָא הַגִּבּוֹר גְּבוּרוֹת נֹגַהּ עֹנֶג מִשְׂגַּבֵּנוּ
12 הָרַבִּים לְהוֹדוֹת שֶׁבַח וְהִתְקִין בְּרַחֲמִים מִתְּחַת
13 בְּפִי וְאוֹפַנִּים פּוֹעֵל פְּאֵר וּמְפִיקִים פּוֹתְחִים
14 וְכֻלָּם שִׁבְתָּהּ וּבְזִמְרָה כְּבוֹדוֹ וּמְבָרְכִים
15 בִּלְתְּךָ זוּלָתְךָ יוֹדוּךָ יְפָאֲרוּךָ יְשַׁבְּחוּךָ יָדֶיךָ

We say another בְּרָכָה before we reach קְרִיאַת שְׁמַע. This blessing, בִּרְכַּת אַהֲבָה רַבָּה, praises God for the gift of תּוֹרָה. The name of this blessing means "unlimited love." As we thank God, we pray that we will continue to be as worthy of God's loving gifts as were our ancestors.

We ask God to help us understand תּוֹרָה. We know that it is a gift that must be studied well. We pray for the wisdom to apply the lessons of תּוֹרָה to our lives.

בִּרְכַּת אַהֲבָה רַבָּה

אַהֲבָה רַבָּה אֲהַבְתָּנוּ יְיָ אֱלֹהֵינוּ, חֶמְלָה גְדוֹלָה
וִיתֵרָה חָמַלְתָּ עָלֵינוּ, אָבִינוּ מַלְכֵּנוּ, בַּעֲבוּר
אֲבוֹתֵינוּ שֶׁבָּטְחוּ בְךָ, וַתְּלַמְּדֵם חֻקֵּי חַיִּים, כֵּן
תְּחָנֵּנוּ וּתְלַמְּדֵנוּ. אָבִינוּ הָאָב הָרַחֲמָן, הַמְרַחֵם
רַחֵם עָלֵינוּ, וְתֵן בְּלִבֵּנוּ לְהָבִין, וּלְהַשְׂכִּיל,
לִשְׁמֹעַ, לִלְמֹד וּלְלַמֵּד, לִשְׁמֹר וְלַעֲשׂוֹת וּלְקַיֵּם,

אֶת־כָּל־דִּבְרֵי תַלְמוּד תּוֹרָתֶךָ, בְּאַהֲבָה. וְהָאֵר 7

עֵינֵינוּ בְּתוֹרָתֶךָ, וְדַבֵּק לִבֵּנוּ בְּמִצְוֹתֶיךָ, וְיַחֵד 8

לְבָבֵנוּ לְאַהֲבָה וּלְיִרְאָה אֶת־שְׁמֶךָ, וְלֹא נֵבוֹשׁ 9

לְעוֹלָם וָעֶד, כִּי בְשֵׁם קָדְשְׁךָ הַגָּדוֹל וְהַנּוֹרָא 10

בָּטָחְנוּ, נָגִילָה וְנִשְׂמְחָה בִּישׁוּעָתֶךָ וַהֲבִיאֵנוּ 11

לְשָׁלוֹם מֵאַרְבַּע כַּנְפוֹת הָאָרֶץ, וְתוֹלִיכֵנוּ 12

קוֹמְמִיּוּת לְאַרְצֵנוּ, כִּי אֵל פּוֹעֵל יְשׁוּעוֹת אָתָּה, 13

וּבָנוּ בָחַרְתָּ מִכָּל־עַם וְלָשׁוֹן, וְקֵרַבְתָּנוּ לְשִׁמְךָ 14

הַגָּדוֹל סֶלָה בֶּאֱמֶת, לְהוֹדוֹת לְךָ וּלְיַחֶדְךָ 15

בְּאַהֲבָה. 16

בָּרוּךְ אַתָּה יְיָ, הַבּוֹחֵר בְּעַמּוֹ יִשְׂרָאֵל בְּאַהֲבָה. 17

Blessed are You, O Lord who chooses His people Israel in love.

PRAYER STUDY

אַהֲבָה רַבָּה is a בְּרָכָה. Look at the last line.

Find the three words found in every בְּרָכָה.

Write them here.

____

Fill in the missing Hebrew words.

____________________________ בָּרוּךְ אַתָּה יְיָ

The last sentence of the בְּרָכָה has been translated for you.

Copy the English meaning here.

____

____

What does God do to show His love for the people Israel?

____

READING CHALLENGE

Can you read the first 4 lines of בִּרְכַּת אַהֲבָה רַבָּה without a mistake?

How did the בְּרָכָה get its name? ____________________

Can you read the last line of the בְּרָכָה without a mistake?

KEY WORDS TO READ AND UNDERSTAND

יִשְׂרָאֵל	אַהֲבָה	יְיָ	הַבּוֹחֵר
Israel	love	God	chooses
לִלְמֹד	חַיִּים	רַחֵם	אָבִינוּ
to learn	life	has mercy	our Father
בְּשֵׁם קָדְשְׁךָ	מַלְכֵּנוּ	הָאָרֶץ	לִשְׁמֹר
in Your holy name	our King	the land	to obey
תּוֹרָתֶךָ			
Your Torah			

Write the Hebrew for each KEY WORD.

love ____________ God ____________

Israel ____________ has mercy ____________

to obey ____________ life ____________

our King ____________ our Father ____________

chooses ____________ to learn ____________

Your Torah ____________ the land ____________

____

in Your holy name

אַ־הַ־ב is the important root in this בְּרָכָה.

It means "love."

Write the root. ___ ___ ___

Circle the three root letters in each word below.

אַהֲבָה   לְאַהֲבָה   בְּאַהֲבָה   אֲהַבְתָּנוּ

love   to love   in love   You love us

Write the word that contains the suffix for "us." _____

Write the two words with a prefix. _____ _____

══ CHALLENGE ══

Find and lightly circle each אַ־הַ־ב root in the בְּרָכָה.

Which form of the root appears three times? _____

1 אֱלֹהֵינוּ מַלְכֵּנוּ אֲבוֹתֵינוּ וַהֲבִיאֵנוּ לְבָבֵנוּ

2 דִּבְרֵי הַגָּדוֹל חֻקֵּי וְהַנּוֹרָא וּלְלַמֵּד וּלְקַיֵּם חַיִּים

3 וְיַחֵד וְנִשְׂמְחָה וּלְיִרְאָה וְדַבֵּק וּבָנוּ וּתְלַמְּדֵנוּ

4 כַּנְפוֹת לִשְׁמֹר אֱלֹהֵינוּ לִלְמֹד לְהוֹדוֹת לִשְׁמֹעַ

5 לְשָׁלוֹם בַּעֲבוּר תַּלְמוּד פּוֹעֵל וּבָנוּ בִּישׁוּעָתֶךָ

6 לְבָבֵנוּ וַהֲבִיאֵנוּ חֻקֵּי עֵינֵינוּ עָלֵינוּ בְּלִבֵּנוּ

7 בְּךָ קָדְשְׁךָ לְשִׁמְךָ תּוֹרָתֶךָ וּלְיַחֶדְךָ בִּישׁוּעָתֶךָ

8 רַבָּה בֶּאֱמֶת וַהֲבִיאֵנוּ נֵבוֹשׁ אֲהַבְתָּנוּ שֶׁבָּטְחוּ

9 וְיַחֵד בָּחַרְתָּ מֵאַרְבַּע וּלְלַמֵּד הָרַחֲמָן וָעֶד

10 הַגָּדוֹל לִבֵּנוּ נֵבוֹשׁ תְּחָנֵּנוּ עֵינֵינוּ גְּדוֹלָה נָגִילָה

11 אַהֲבָה שֶׁבָּטְחוּ לְהָבִין חֶמְלָה הַבּוֹחֵר הָרַחֲמָן

12 לִשְׁמֹעַ יְשׁוּעוֹת בַּעֲבוּר לְאַרְצֵנוּ וְלַעֲשׂוֹת

13 מַלְכֵּנוּ כַּנְפוֹת בְּתוֹרָתֶךָ כֵּן בָּטָחְנוּ כִּי בָרוּךְ

14 יִשְׂרָאֵל וּלְהַשְׂכִּיל קָדְשְׁךָ וְלַעֲשׂוֹת וְלָשׁוֹן

15 וְתֵן בִּישׁוּעָתֶךָ וְיִתְרָה הַבּוֹחֵר הַמְרַחֵם

MORE PRAYER STUDY

God is often called "Our Father, Our King."

In this בְּרָכָה you find both words.

The Hebrew word for "King" is ______________.

The Hebrew word for "Our King " is ______________.

The Hebrew word for "Father" is אָב.

The suffix added to write "Our Father" is ______________.

Read and write the meaning. Circle the root.

מַלְכֵּנוּ אָבִינוּ

__________ __________ __________ __________

We often hear the phrase אָבִינוּ מַלְכֵּנוּ in prayers.

Write the two Hebrew words. __________ __________

Translate them. ______________________________

Read line 2 in this בְּרָכָה. Find אָבִינוּ מַלְכֵּנוּ and lightly underline it.

אָב is found within another word on line 3.

Can you find the word? Write it here. ______________

This word means "our fathers," ("our ancestors").

The root **ר־ח־ם** is used many times when talking about God, our Father. It can be understood in at least three ways:

compassion, mercy and pity.

Write the three root letters. _____ _____ _____

Circle the root letters in the following words:

הָרַחֲמָן   הַמְרַחֵם   רַחֵם

ANALYZING THE בְּרָכָה

Write the following words in Hebrew:

The word in line 1 that means "Our God": _____

The two words in line 1 that refer to God's love:

_____ _____

The word in line 2 that means "Our Father": _____

The word in line 2 that means "Our King": _____

Write the words in lines 4 and 5 that use the root **ר־ח־ם.**

_____ _____ _____

In what three ways can these words be understood?

_____ _____ _____

ACCENTING THE CORRECT SYLLABLE

When reading Hebrew, we usually accent the last syllable in the word. The last syllable is the last letter and its vowel. Read these words.

חֲקֵי שֶׁבָּטְחוּ קָדְשְׁךָ לְשִׁמְךָ בְּעַמּוֹ דִּבְרֵי

If the last letter does not have a vowel, the last syllable is as follows:

בַּעֲ־בוּר לְעוֹ־לָם יִשְׂרָ־אֵל הַבּוֹ־חֵר

Circle the last syllable in each of the following words:

הַגָּדוֹל בְּאַהֲבָה וּלְקַיֵּם תַּלְמוּד

הָרַחֲמָן הַמְרַחֵם וָעֶד בֶּאֱמֶת חַיִּים

Can you accent the correct syllable when reading these words?

מֶֽתֶג: A SPECIAL ACCENT MARK.

מֶֽתֶג is a special accent mark.

It is used when you do not accent the last syllable.

It tells you which other syllable to accent.

It is placed to the left of the vowel to be accented. ָֽ ' ִֽ ֵֽ ֶֽ

Look for the מֶֽתֶג in these words.

Accent each letter above the vowel with a מֶֽתֶג.

Read each word correctly.

עָלֵֽינוּ אָבִֽינוּ מַלְכֵּֽנוּ אֲבוֹתֵֽנוּ תְּחָנֵֽנוּ

בְּלִבֵּֽנוּ עֵינֵֽינוּ בָּטָֽחְנוּ וּבָֽנוּ לְאַרְצֵֽנוּ

תּוֹרָתֶֽךָ בְּמִצוֹתֶֽיךָ הָאָֽרֶץ נָֽגִילָה

READING CHALLENGE

Can you read בִּרְכַּת אַהֲבָה רַבָּה without a mistake?

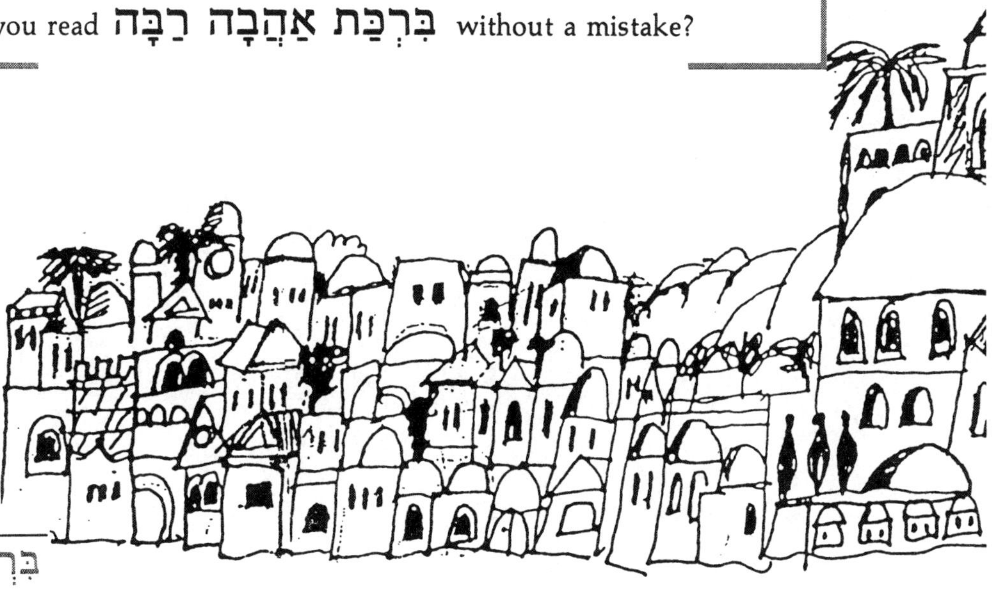

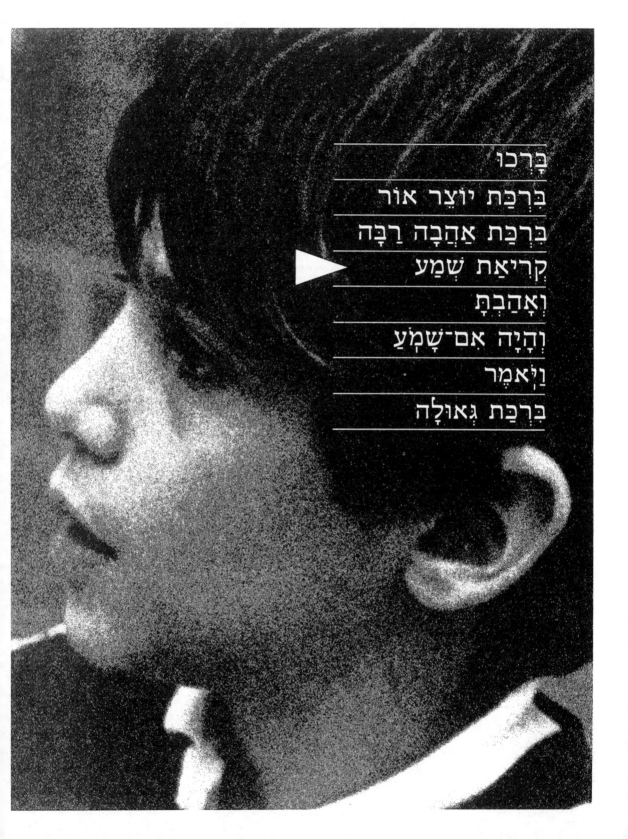

קְרִיאַת שְׁמַע is one of the oldest and most important parts of the Jewish worship service.

It begins with the famous phrase "Hear, O Israel, the Lord is our God, the Lord is One." We announce to ourselves and to all the world that there is only one God. As we say these words we close our eyes to concentrate on God alone. The next line reminds us that God is King. All people, all living things, are united under a single Ruler.

קְרִיאַת שְׁמַע

שְׁמַע יִשְׂרָאֵל יְהוָֹה אֱלֹהֵינוּ יְהוָֹה אֶחָד.

Hear, O Israel, the Lord is our God, the Lord is One.

בָּרוּךְ שֵׁם כְּבוֹד מַלְכוּתוֹ לְעוֹלָם וָעֶד.

Praised be the name of His glorious Kingdom forever and ever.

SILENT LETTERS

There are two silent letters in the Hebrew alphabet.

This is how they are written: **ע א**

א is Aleph

ע is Ayin

The following words have a silent letter missing.

Fill in the correct letter.

יִשְׂרָ___ֵל	שְׁמַ___
וָ___ֶד	___ֱלֹהֵינוּ
לְ___וֹלָם	___ֶחָד

Read the words written with an Ayin.

Read the words written with an Aleph.

How many of each did you read? ______________________________

GOD'S NAME

God's name is written in different ways.

יְהֹוָה אֵל יְיָ

Write God's name as it appears in קְרִיאַת שְׁמַע.

____

How is it pronounced? _______________

Which other form of God's name is pronounced the same way?

____

אֵל is another way of writing God's name.

The word אֱלֹהֵינוּ in קְרִיאַת שְׁמַע comes from אֵל.

The suffix נוּ means _______________.

Write the English meaning of אֱלֹהֵינוּ.

____

Write the Hebrew word. _______________

How many times does God's name appear in קְרִיאַת שְׁמַע?

____

אֶחָד is a very important word in קְרִיאַת שְׁמַע.

What does it mean? _______________

State קְרִיאַת שְׁמַע in your own words. ________________

____

____

____

Look at the second line of קְרִיאַת שְׁמַע.

Write the root of each word:

בָּרוּךְ — — —   מַלְכוּתוֹ — — —

Add the vowels to read the Hebrew.

Then add the English translation on the line below each Hebrew word.

שׁמע ____________   ישׂראל ____________

שׁם name   בּרוך ____________   אלהינו ____________

מלכותו ____________   יהוה ____________   כּבוד glorious   אחד ____________

לעולם ועד forever and ever

Write the word in which the vowels are written but *not* read.

____

MISSING LINKS

Fill in the missing words.

שְׁמַע ________ יְהֹוָה ________

________ אֶחָד.

בָּרוּךְ ________ כְּבוֹד ________

לְעוֹלָם ________.

Check your spelling. How did you do?

MEMORY CHALLENGE

Can you recite קְרִיאַת שְׁמַע by heart?

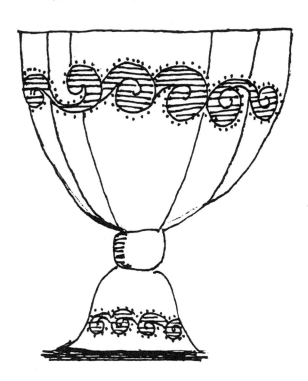

We continue קְרִיאַת שְׁמַע with וְאָהַבְתָּ. In וְאָהַבְתָּ we declare our love for God.

Do you remember אַהֲבָה רַבָּה, the בְּרָכָה that comes before קְרִיאַת שְׁמַע? The words אַהֲבָה and וְאָהַבְתָּ are related; they both refer to love. In אַהֲבָה רַבָּה we speak of God's love for us; in וְאָהַבְתָּ we speak of our love for God.

People who love make commitments to each other. In the same way, the Jewish people made a commitment, or *covenant* (בְּרִית), with God. וְאָהַבְתָּ mentions some of the symbols we use to remember the בְּרִית. The מְזוּזָה, placed at the entrance to our homes and synagogues, contains a small parchment scroll with the words of this passage written on it. Another symbol is תְּפִלִּין, small leather boxes that also contain scrolls. On weekday mornings, Jews pray with the תְּפִלִּין strapped on their foreheads and arms, following the commandment to keep God's words "between your eyes" and "upon your hand." On שַׁבָּת we pray without תְּפִלִּין because the day itself is a reminder of our בְּרִית.

וְאָהַבְתָּ

1 וְאָהַבְתָּ אֵת יְהוָֹה אֱלֹהֶיךָ בְּכָל־לְבָבְךָ וּבְכָל־
נַפְשְׁךָ וּבְכָל־מְאֹדֶךָ.
2 וְהָיוּ הַדְּבָרִים הָאֵלֶּה אֲשֶׁר אָנֹכִי מְצַוְּךָ הַיּוֹם
עַל־לְבָבֶךָ.
3 וְשִׁנַּנְתָּם לְבָנֶיךָ וְדִבַּרְתָּ בָּם בְּשִׁבְתְּךָ בְּבֵיתֶךָ
וּבְלֶכְתְּךָ בַדֶּרֶךְ וּבְשָׁכְבְּךָ וּבְקוּמֶךָ.
4 וּקְשַׁרְתָּם לְאוֹת עַל־יָדֶךָ וְהָיוּ לְטֹטָפֹת בֵּין
עֵינֶיךָ.
5 וּכְתַבְתָּם עַל־מְזֻזוֹת בֵּיתֶךָ וּבִשְׁעָרֶיךָ.

1 You shall love the Lord your God with all your heart, with all your soul, and with all your might.
2 And these words which I command you this day shall be in your heart.
3 You shall teach them diligently unto your children, speaking of them when you sit in your house, when you walk by the way, when you lie down, and when you rise up.
4 And you shall bind them for a sign upon your hand, and they shall be for frontlets between your eyes.
5 And you shall write them upon the doorposts of your house and upon your gates.

PRAYER STUDY

The name of this passage is ______________________.

Write the root of this word. ___ ___ ___

Do you remember the meaning of this root?

____

The word וְאָהַבְתָּ means "and you shall love."

We are told how to love God:

with all your heart	בְּכָל-לְבָבְךָ
and with all your soul	וּבְכָל-נַפְשְׁךָ
and with all your might	וּבְכָל-מְאֹדֶךָ

Find and lightly underline these phrases in the prayer passage.

MEMORY CHALLENGE

Can you read the first two lines of וְאָהַבְתָּ without a mistake?

Can you recite them by heart?

KEY WORDS TO READ AND UNDERSTAND

וְאָהַבְתָּ — and you shall love

לְבָבְךָ — your heart

נַפְשְׁךָ — your soul

מְאֹדֶךָ — your might

וְשִׁנַּנְתָּם — and you shall teach them

וּקְשַׁרְתָּם — and you shall bind them

וּכְתַבְתָּם — and you shall write them

וְדִבַּרְתָּ — and you shall speak

בְּשִׁבְתְּךָ — when you sit

וּבְלֶכְתְּךָ — and when you walk

וּבְשָׁכְבְּךָ — and when you lie down

וּבְקוּמֶךָ — and when you get up

יָדֶךָ — your hand

עֵינֶיךָ — your eyes

מְזֻזוֹת — doorposts

בֵּיתֶךָ — your house

וּבִשְׁעָרֶיךָ — and in your gates

WRITE THE HEBREW WORDS

and you shall teach them ______________________

and you shall speak (of them) (בָּם) ______________________

when you sit ______________________

and when you walk ______________________

and when you lie down ______________________

and when you get up ______________________

and you shall bind them ______________________

(on) your hand ______________________ (עַל)

(between) your eyes ______________________ (בֵּין)

and you shall write them ______________________

(on) doorposts ______________________ (עַל)

your house ______________________

and in your gates ______________________

READING CHALLENGE

Can you read all the KEY WORDS without a mistake?

SUFFIXES

Many suffixes appear in וְאָהַבְתָּ.

ך is a suffix.

ך means "Thy," "Your." Sometimes it means "You."

The suffix ך can take the vowel ְ or ָ.

Write the suffix with each vowel. _____ _____

11 KEY WORDS end with this suffix. Find and circle them.

Here are 5 more words from וְאָהַבְתָּ with the suffix ך.

Read the words. Circle the suffix. Complete the English translation.

to __________ children לְבָנֶיךָ

in __________ house בְּבֵיתֶךָ

__________ God אֱלֹהֶיךָ

__________ heart לְבָבְךָ

God commanded __________ מְצַוְּךָ

ת is a suffix.

ת means "You."

The suffix ת can take the vowel ְ or ָ.

We are studying the passage וְאָהַבְתָּ.

Circle the suffix תָּ in the word.

Write the meaning of the suffix. ____________________

Write the meaning of the entire word. ______________________

Look back at the KEY WORDS.

One other KEY WORD has this suffix:

____

This word means ______________________.

תֶּם is a suffix.

תֶּם means "Them."

3 KEY WORDS have the suffix תֶּם.

Underline each KEY WORD.

Write and translate them:

______________ ______________ ______________

______________ ______________ ______________

PREFIX

The prefix "and" is read many times in וְאָהַבְתָּ.

You have already learned this prefix.

There are 3 ways of saying "and": וּ וַ וְ

How many KEY WORDS have the prefix "and"? ________

Write the KEY WORDS with the prefix "and."

וּ	וְ
______________________	______________________
______________________	______________________
______________________	______________________
______________________	
______________________	
______________________	

Look at the passage וְאָהַבְתָּ.

Find two more words that have the prefix "and."

Write them here. ______________ ______________

דָּגֵשׁ: A SPECIAL DOT

A דָּגֵשׁ is a special dot found in many Hebrew words.

The דָּגֵשׁ is found in the middle of a letter.

Many times it does not affect the way we pronounce the word.

Read these Hebrew words. Circle each letter with a דָּגֵשׁ.

הַדְּבָרִים הָאֵלֶּה וְשִׁנַּנְתָּם בַּדֶּרֶךְ

ו: A SPECIAL LETTER

ו can be a letter or a vowel.

When ו is a letter it says the sound ________.

When ו is a vowel it looks like this וּ and like this וֹ.

וּ says ______. וֹ says ______.

Sometimes the *letter* is written with a דָּגֵשׁ.

It looks like this: וְּ Circle the דָּגֵשׁ.

וְּ says ______. (It must have a vowel under it to say "V").

Now you can read this word: מְצַוְּךָ.

CHANGING SOUNDS

Sometimes a דָּגֵשׁ does change the sound of a letter.

Add the דָּגֵשׁ to one member of each pair.

Write the saying sound under each letter.

ב ב פ פ כ כ

___ ___ ___ ___ ___ ___

Read these words.

Be careful with your sounds!

וּבְכָל אָנֹכִי לְטֹטָפֹת בְּשִׁבְתְּךָ

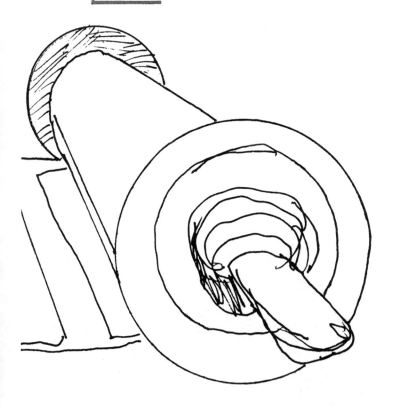

ACCENT REVIEW

The syllable usually accented in Hebrew is ______________.

You have learned to read the מֶתֶג.

The מֶתֶג is placed to the left of the ______________.

Explain how the מֶתֶג changes the reading of a word.

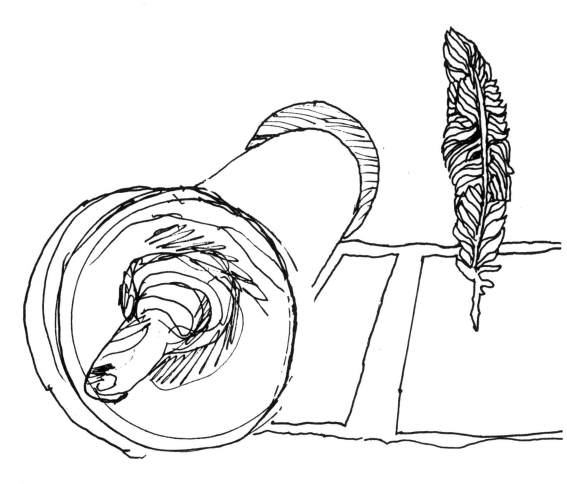

WORD SKILL

Can you read these words from וְאָהַבְתָּ without a mistake?

Don't let the דָּגֵשׁ confuse you.

Lightly circle each word that has a מֶתֶג, and remember to accent the correct syllable.

הָאֵלֶּה וְדִבַּרְתָּ לְבָבְךָ

עֵינֶיךָ יָדֶךָ בֵּיתֶךָ

לְבָבֶךָ מְאֹדֶךָ לְבָנֶיךָ

נַפְשְׁךָ מְזוּזוֹת וְאָהַבְתָּ

אֱלֹהֶיךָ וּבְקוּמֶךָ וּבִשְׁעָרֶיךָ

בְּשִׁבְתְּךָ וּבְלֶכְתְּךָ וּבְשָׁכְבְּךָ

וְשִׁנַּנְתָּם וּכְתַבְתָּם וּקְשַׁרְתָּם

READING CHALLENGE

Can you read the entire passage without a mistake?

FLUENT READING

1 בַּדֶּרֶךְ הָאֵלֶּה יָדֶךָ לְבָבֶךָ מְאֹדֶךָ בְּבֵיתֶךָ

2 לְבָנֶיךָ אֱלֹהֶיךָ בֵּיתֶךָ בֵּין וּבִשְׁעָרֶיךָ בְּבֵיתֶךָ

3 לְבָבְךָ מְצַוְּךָ בְּשִׁבְתְּךָ לְטֹטָפֹת מְזֻזוֹת בְּכָל

4 הַיּוֹם הָאֵלֶּה בַּדֶּרֶךְ הַדְּבָרִים מְצַוְּךָ וְשִׁנַּנְתָּם

5 נַפְשְׁךָ בְּשִׁבְתְּךָ וּבְלֶכְתְּךָ וּבְשָׁכְבְּךָ וְנִשְׂמְחָה

6 לְאוֹת הַיּוֹם אָנֹכִי מְאֹדֶךָ אֱלֹהֶיךָ מְזֻזוֹת

7 אִם הַדְּבָרִים הַיּוֹם וְשִׁנַּנְתָּם בָּם וּקְשַׁרְתָּם

8 וְאָהַבְתָּ וְשִׁנַּנְתָּם וְהָיוּ וְדִבַּרְתָּ וַהֲבִיאֵנוּ

9 וּבְכָל וּבְלֶכְתְּךָ וּבְשָׁכְבְּךָ וּבְקוּמֶךָ וּקְשַׁרְתָּם

10 מְזֻזוֹת לְאוֹת הַיּוֹם וְהָיוּ וּבְקוּמֶךָ וּבִשְׁעָרֶיךָ

11 לְבָנֶיךָ מְצַוְּךָ בְּבֵיתֶךָ בְּשִׁבְתְּךָ נַפְשְׁךָ אֱלֹהֶיךָ

12 וְאָהַבְתָּ מְזֻזוֹת בֵּיתֶךָ וְדִבַּרְתָּ בְּשִׁבְתְּךָ לְטֹטָפֹת

13 וְדִבַּרְתָּ לְבָבְךָ וּבִשְׁעָרֶיךָ בְּשִׁבְתְּךָ וּבְשָׁכְבְּךָ

14 יָדֶךָ מְאֹדֶךָ וּקְשַׁרְתָּם וּבִשְׁעָרֶיךָ בַּדֶּרֶךְ

15 אָנֹכִי לְבָבֶךָ בְּכָל וּבְלֶכְתְּךָ וּכְתַבְתָּם וּבְשָׁכְבְּךָ

To this point, קְרִיאַת שְׁמַע has been concerned with individuals. The next passage, וְהָיָה אִם־שָׁמֹעַ, addresses the entire people Israel. It tells us that we must live according to God's commandments. The passage repeats some of the symbols of the בְּרִית found in וְאָהַבְתָּ.

וְהָיָה אִם־שָׁמֹעַ

1 וְהָיָה אִם־שָׁמֹעַ תִּשְׁמְעוּ אֶל־מִצְוֹתַי אֲשֶׁר אָנֹכִי

2 מְצַוֶּה אֶתְכֶם הַיּוֹם לְאַהֲבָה אֶת־יְהֹוָה אֱלֹהֵיכֶם

3 וּלְעָבְדוֹ בְּכָל־לְבַבְכֶם וּבְכָל־נַפְשְׁכֶם. וְנָתַתִּי

4 מְטַר־אַרְצְכֶם בְּעִתּוֹ יוֹרֶה וּמַלְקוֹשׁ וְאָסַפְתָּ

5 דְגָנֶךָ וְתִירֹשְׁךָ וְיִצְהָרֶךָ. וְנָתַתִּי עֵשֶׂב בְּשָׂדְךָ

6 לִבְהֶמְתֶּךָ וְאָכַלְתָּ וְשָׂבָעְתָּ. הִשָּׁמְרוּ לָכֶם פֶּן־

7 יִפְתֶּה לְבַבְכֶם וְסַרְתֶּם וַעֲבַדְתֶּם אֱלֹהִים

8 אֲחֵרִים וְהִשְׁתַּחֲוִיתֶם לָהֶם. וְחָרָה אַף־יְהֹוָה

9 בָּכֶם וְעָצַר אֶת־הַשָּׁמַיִם וְלֹא־יִהְיֶה מָטָר

10 וְהָאֲדָמָה לֹא תִתֵּן אֶת־יְבוּלָהּ וַאֲבַדְתֶּם מְהֵרָה

11 מֵעַל הָאָרֶץ הַטֹּבָה אֲשֶׁר יְהֹוָה נֹתֵן לָכֶם.

וְשַׂמְתֶּם אֶת־דְּבָרַי אֵלֶּה עַל־לְבַבְכֶם וְעַל־ 12
נַפְשְׁכֶם וּקְשַׁרְתֶּם אֹתָם לְאוֹת עַל־יֶדְכֶם וְהָיוּ 13
לְטוֹטָפֹת בֵּין עֵינֵיכֶם. וְלִמַּדְתֶּם אֹתָם אֶת־ 14
בְּנֵיכֶם לְדַבֵּר בָּם בְּשִׁבְתְּךָ בְּבֵיתֶךָ וּבְלֶכְתְּךָ 15
בַדֶּרֶךְ וּבְשָׁכְבְּךָ וּבְקוּמֶךָ. וּכְתַבְתָּם עַל־מְזוּזוֹת 16
בֵּיתֶךָ וּבִשְׁעָרֶיךָ. לְמַעַן יִרְבּוּ יְמֵיכֶם וִימֵי 17
בְנֵיכֶם עַל הָאֲדָמָה אֲשֶׁר נִשְׁבַּע יְהֹוָה 18
לַאֲבֹתֵיכֶם לָתֵת לָהֶם כִּימֵי הַשָּׁמַיִם עַל־הָאָרֶץ. 19

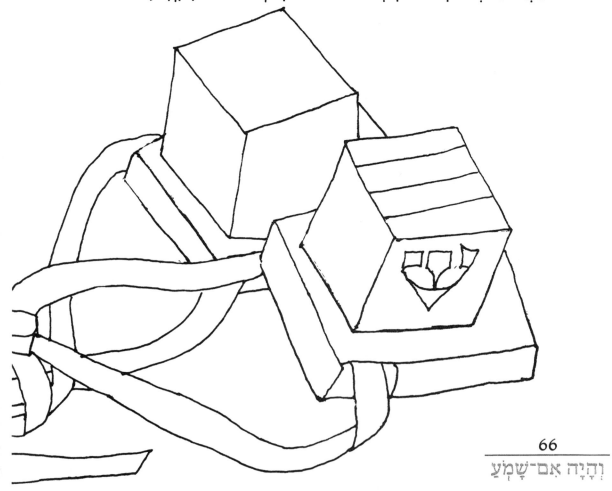

וְהָיָה אִם־שָׁמֹעַ

PRAYER STUDY

The Jewish people are commanded to "love the Lord your God" in וְאָהַבְתָּ and in וְהָיָה אִם־שָׁמֹעַ.

וְאָהַבְתָּ begins with the words

וְאָהַבְתָּ אֵת יְהוָֹה אֱלֹהֶיךָ

You shall love the Lord your God

וְהָיָה אִם־שָׁמֹעַ includes the words

לְאַהֲבָה אֶת יְהוָֹה אֱלֹהֵיכֶם

to love the Lord your God

Write the Hebrew root letters for "love." ___ ___ ___

Read the two Hebrew passages above.

Write the two words that mean "love."

______________________ ______________________

Find the words לְאַהֲבָה אֶת יְהוָֹה אֱלֹהֵיכֶם and lightly underline them in וְהָיָה אִם־שָׁמֹעַ.

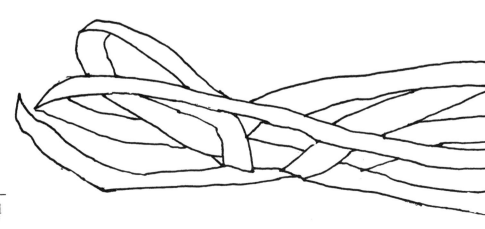

KEY WORDS TO READ AND UNDERSTAND

בָּכֶם	לָכֶם	אֶתְכֶם
against you	to yourselves	you
אַרְצְכֶם	נַפְשְׁכֶם	אֱלֹהֵיכֶם
your land	your soul	your God
יֶדְכֶם	עֵינֵיכֶם	לְבַבְכֶם
your hand	your eyes	your heart
לַאֲבֹתֵיכֶם	יְמֵיכֶם	בְּנֵיכֶם
to your fathers	your days	your children

SUFFIX

A suffix found in this passage is כֶם.

כֶם means "you," "your."

כֶם is used when talking to more than one person.

Circle the suffix כֶם each time it appears in וְהָיָה אִם־שָׁמֹעַ.

How many words have this suffix? ____________

Complete the words by adding the suffix כֶם.

Write the English meaning of each word.

____________	___יֶדְ___	____________	___אֱלֹהֵי
____________	___נַפְשְׁ___	____________	___יְמֵי
____________	___בְּנֵי	____________	___עֵינֵי
____________	___לַאֲבֹתֵי	____________	___לְבַבְ
____________	___אֶתְ	____________	___אַרְצְ
____________	___בָּ___	____________	___לָ

READING CHALLENGE

Can you read the first three lines of וְהָיָה אִם־שָׁמֹעַ without a mistake?

PATTERNS

ךָ means "your."

כֶם means "your."

How does the meaning of each suffix differ? ________________

Read the Hebrew. Follow the arrows.

Notice the patterns!

________	אֱלֹהֵיכֶם	←	אֱלֹהֶיךָ	________
________	לְבַבְכֶם	←	לְבָבְךָ	________
________	נַפְשְׁכֶם	←	נַפְשְׁךָ	________
________	יֶדְכֶם	←	יָדֶךָ	________
________	עֵינֵיכֶם	←	עֵינֶיךָ	________
________	בְּנֵיכֶם	←	לְבָנֶיךָ	________

Now write the English translations. (Look back at the KEY WORDS.)

תֶּם is a suffix added to many verbs in וְהָיָה אִם־שָׁמֹעַ.

תֶּם means "you." It is used when talking to more than one

person.

Lightly underline each word in the prayer passage with the suffix

תֶּם.

How many words did you find? _____

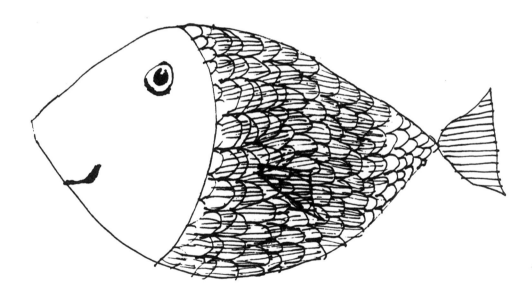

1. הַיּוֹם אֵלֶּה דִּבְרֵי הִשָּׁמְרוּ מְצַוֶּה הַטֹּבָה

2. תִּשְׁמְעוּ נַפְשְׁכֶם אַרְצְכֶם בְּשִׁבְתְּךָ וּבְלֶכְתְּךָ

3. וְהָיָה מְצַוֶּה לְאַהֲבָה יוֹרֶה יִפְתֶּה וְחָרָה יִהְיֶה

4. וְהָאֲדָמָה יְבוּלָהּ מְהֵרָה הַטֹּבָה אֵלֶּה הָאֲדָמָה

5. אָנֹכִי אֱלֹהִים וְתִירֹשְׁךָ נֹתֵן אֹתָם לְטוֹטָפֹת

6. וְהָיוּ בְּעִתּוֹ הַיּוֹם יִרְבּוּ יְבוּלָהּ מִצְוֺתַי מְזוּזוֹת

7. הִשָּׁמְרוּ תִּשְׁמְעוּ יוֹרֶה לְטוֹטָפֹת וּבְקוּמֶךָ

8. דְּגָנֶךָ וְתִירֹשְׁךָ וְיִצְהָרֶךָ בְּשָׂדְךָ לִבְהֶמְתֶּךָ

9. וּבְלֶכְתְּךָ בַּדֶּרֶךְ וּבְשָׁכְבְּךָ וּבְקוּמֶךָ בֵּיתֶךָ

10. כִּימֵי אֱלֹהֵיכֶם לַאֲבֹתֵיכֶם עֵינֵיכֶם בֵּיתֶךָ וִימֵי

11. לְמַעַן עֵשֶׂב מְצַוֶּה בְּעִתּוֹ וַעֲבַדְתֶּם שָׁמְעַ

12. מִצְוֺתַי וּבִשְׁעָרֶיךָ וְשָׂבָעְתָּ אַרְצְכֶם וּלְעָבְדוּ

13. לְבַבְכֶם בְּנֵיכֶם בְּשָׂדְךָ לִבְהֶמְתֶּךָ בְּשִׁבְתְּךָ

14. הַטֹּבָה לְטוֹטָפֹת הָאֲדָמָה הַשָּׁמַיִם וְשַׂמְתֶּם

15. וְהָיָה מְהֵרָה אֲחֵרִים וְהָיוּ הָאָרֶץ וְחָרָה

READING CHALLENGE

Can you read these 7 words?

וְסַרְתֶּם   וּקְשַׁרְתֶּם   וְשַׂמְתֶּם   וַאֲבַדְתֶּם

וַעֲבַדְתֶּם   וְהִשְׁתַּחֲוִיתֶם   וְלִמַּדְתֶּם

Can you now read the entire וְהָיָה אִם־שָׁמֹעַ without a mistake?

קְרִיאַת שְׁמַע concludes with this passage, וַיֹּאמֶר, "And He (the Lord) spoke." וַיֹּאמֶר contains the commandment to wear צִיצת, another reminder of our בְּרִית. Throughout קְרִיאַת שְׁמַע we hold the ends of the צִיצת in our hands. It is customary to kiss the צִיצת each of the three times they are mentioned in the passage, as a sign of our devotion to God and the commandments.

וַיֹּאמֶר

1 וַיֹּאמֶר יְהֹוָה אֶל־מֹשֶׁה לֵּאמֹר: דַּבֵּר אֶל־בְּנֵי
2 יִשְׂרָאֵל וְאָמַרְתָּ אֲלֵהֶם וְעָשׂוּ לָהֶם צִיצת עַל־
3 כַּנְפֵי בִגְדֵיהֶם לְדֹרֹתָם וְנָתְנוּ עַל־צִיצת הַכָּנָף
4 פְּתִיל תְּכֵלֶת. וְהָיָה לָכֶם לְצִיצת וּרְאִיתֶם אֹתוֹ
5 וּזְכַרְתֶּם אֶת־כָּל־מִצְוֹת יְהֹוָה וַעֲשִׂיתֶם אֹתָם
6 וְלֹא תָתוּרוּ אַחֲרֵי לְבַבְכֶם וְאַחֲרֵי עֵינֵיכֶם
7 אֲשֶׁר־אַתֶּם זֹנִים אַחֲרֵיהֶם.

⁸ לְמַעַן תִּזְכְּרוּ וַעֲשִׂיתֶם אֶת־כָּל־מִצְוֹתָי וִהְיִיתֶם
⁹ קְדֹשִׁים לֵאלֹהֵיכֶם. אֲנִי יְהֹוָה אֱלֹהֵיכֶם אֲשֶׁר
¹⁰ הוֹצֵאתִי אֶתְכֶם מֵאֶרֶץ מִצְרַיִם לִהְיוֹת לָכֶם
¹¹ לֵאלֹהִים אֲנִי יְהֹוָה אֱלֹהֵיכֶם.
¹² יְהֹוָה אֱלֹהֵיכֶם אֱמֶת.

The Lord spoke to Moses, saying: Speak to the children of Israel and bid them make fringes on the corners of their garments throughout their generations, adding to the fringe of each corner a thread of blue. And the fringe shall be to you as a sign so that in beholding it you will be reminded to fulfill all the commandments of the Lord; and you shall not follow the promptings of the heart or the attraction of your eyes, to be misled by them. Thus will you remember to carry out all My commandments, and you will be holy before your God. I am the Lord your God who brought you out of the land of Egypt, to be your God; I, the Lord, am your God.

The name of this passage is _____.

This Hebrew word means "and He spoke."

Read the first five words. Copy them here.

_____

Write the translation. _____

God is speaking to Moses.

Write "Moses" in Hebrew. _____

In the first and last words of this sentence you find

the root אָ-מָ-ר.

Write each Hebrew word that builds on the root.

_____   _____

These words have a common meaning.

Read the English translation of the line. What do you think the

English translation for each word is?

_____   _____

Can you find a word with the root אָ-מָ-ר in line 2? _____

Read the English translation of וַיֹּאמֶר.

Write the מִצְוָה (commandment) Moses is to bring

to the Jewish people.

_____

In Hebrew:　　　צִיצִת עַל כַּנְפֵי בִגְדֵיהֶם

Find these words in lines 2 and 3. Read and lightly underline them.

The Hebrew word for "fringes" is _____.

How many times is the word found in וַיֹּאמֶר? _____

Underline it lightly each time you find it.

The people are to *look* at these fringes, *remember* God's מִצְוֹת

and *do* them.

In Hebrew:

וּרְאִיתֶם אֹתוֹ וּזְכַרְתֶּם אֶת כָּל מִצְוֹת

יְהוָֹה וַעֲשִׂיתֶם אֹתָם

Find these words in lines 4 and 5. Read and lightly underline them.

KEY WORDS TO READ AND UNDERSTAND

צִיצִת fringes	עַל כַּנְפֵי on the corners	תְּכֵלֶת blue
בִּגְדֵיהֶם their clothing	פְּתִיל thread	מֹשֶׁה Moses
בְּנֵי יִשְׂרָאֵל children of Israel	מֵאֶרֶץ out of the land	
מִצְוֹת commandments	מִצְוֹתָי My commandments	
אֱלֹהֵיכֶם your God	קְדֹשִׁים holy	מִצְרָיִם Egypt
וּרְאִיתֶם and you look	וּזְכַרְתֶּם and you remember	וַעֲשִׂיתֶם and you do

UNDERSTAND THE CONNECTION

Write the Hebrew on the line above the English.

_____

to your God   holy   My commandments

_____

blue   thread   clothing   on the corners   fringes

_____

and do   and remember   and see

_____

commandments   children of Israel   Moses

_____

Egypt   out of the land

Read the Hebrew words you have written.

1 וַיֹּאמֶר תְּכֵלֶת תָתוּרוּ לְמַעַן הוֹצֵאתִי מִצְרַיִם

2 וְנָתְנוּ מִצְוֹת זֹנִים וְאָמַרְתָּ תִּזְכְּרוּ וּזְכַרְתֶּם

3 לִהְיוֹת וְלֹא לֵאלֹהֵיכֶם הוֹצֵאתִי מִצְוֹתָי אֹתוֹ

4 לֵאמֹר לְדֹרֹתָם אֱלֹהֵיכֶם אֹתָם וַיֹּאמֶר קְדֹשִׁים

5 עֵינֵיכֶם וְעָשׂוּ מִצְרַיִם הוֹצֵאתִי צִיצִת וַעֲשִׂיתֶם

6 כַּנְפֵי תִּזְכְּרוּ תְּכֵלֶת אֶתְכֶם לְבַבְכֶם הַכָּנָף

7 אַחֲרֵי לְצִיצִת לְדֹרֹתָם אַחֲרֵיהֶם תָתוּרוּ

8 פְּתִיל כַּנְפֵי בִגְדֵיהֶם מִצְוֹתָי עֵינֵיכֶם קְדֹשִׁים

9 וַיֹּאמֶר יִשְׂרָאֵל וְהָיָה מִצְרַיִם לִהְיוֹת יְהוָֹה

10 וְעָשׂוּ וְנָתְנוּ לִהְיוֹת תָתוּרוּ אֹתוֹ הוֹצֵאתִי

11 בִגְדֵיהֶם קְדֹשִׁים מֵאֶרֶץ אַחֲרֵיהֶם יִשְׂרָאֵל דַּבֵּר

12 עֵינֵיכֶם לָכֶם תְּכֵלֶת בִגְדֵיהֶם וּזְכַרְתֶּם לְבַבְכֶם

13 זֹנִים וִהְיִיתֶם לְמַעַן מֵאֶרֶץ אֲלֵהֶם הַכָּנָף

14 מֹשֶׁה אֲשֶׁר יִשְׂרָאֵל קְדֹשִׁים וְעָשׂוּ נַפְשְׁכֶם

15 בְּנֵי דַּבֵּר כַּנְפֵי כָּל תִּזְכְּרוּ בֵּין הַכָּנָף

וַיֹּאמֶר has familiar suffixes.

כֶם means __________ or __________.

Find the words in וַיֹּאמֶר with the suffix כֶם.

Write them here.

__________ __________ __________

__________ __________ __________

You already read five of these words in וְהָיָה אִם־שָׁמֹעַ.

לֵאלֹהֵיכֶם is new to you.

Circle the suffix and the prefix: לֵאלֹהֵיכֶם

Which one of the other five words is similar to לֵאלֹהֵיכֶם?

____

It means __________ __________.

The prefix ל means __________.

לֵאלֹהֵיכֶם means __________________

תֶּם, or תֶם, is another suffix you know.

Write each word in the prayer passage that contains the suffix תֶּם or תֶם.

__________ __________ __________

__________ __________

One of these words appears twice in וַיֹּאמֶר.

Can you find it? ______________

Write the three תֶּם or תֶם words dealing directly with the commandment of צִיצִת.

Write the English translation below the Hebrew.

______________ ______________ ______________

______________ ______________ ______________

Circle the prefix in each word. Each one means __________.

READING CHALLENGE

Can you read the entire prayer passage without any mistakes?

Begin with the קְרִיאַת שְׁמַע and read through to the end of וַיֹּאמֶר.

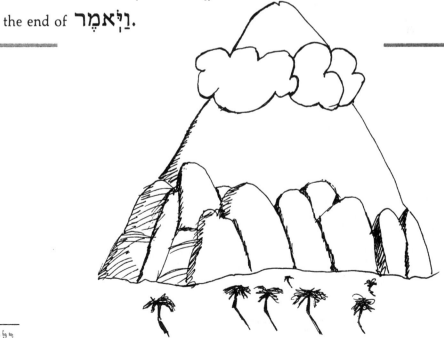

בָּרְכוּ
בִּרְכַּת יוֹצֵר אוֹר
בִּרְכַּת אַהֲבָה רַבָּה
קְרִיאַת שְׁמַע
וְאָהַבְתָּ
וְהָיָה אִם־שָׁמֹעַ
וַיֹּאמֶר
בִּרְכַּת גְּאוּלָּה

A blessing follows קְרִיאַת שְׁמַע. It is called
בִּרְכַּת גְּאוּלָה. It praises God for the gift of גְּאוּלָה,
"redemption."

The blessing recalls a great example of גְּאוּלָה,
when God rescued the children of Israel from
slavery in Egypt. After God parted the sea and
saved the people from Pharaoh's armies, the
Israelites offered their thanks to God in a song.
We sing two parts of their song in this בְּרָכָה.

בִּרְכַּת גְּאוּלָה

1 אֱמֶת וְיַצִּיב וְנָכוֹן וְקַיָּם וְיָשָׁר וְנֶאֱמָן וְאָהוּב

2 וְחָבִיב וְנֶחְמָד וְנָעִים וְנוֹרָא וְאַדִּיר וּמְתֻקָּן

3 וּמְקֻבָּל וְטוֹב וְיָפֶה הַדָּבָר הַזֶּה עָלֵינוּ לְעוֹלָם

4 וָעֶד. אֱמֶת אֱלֹהֵי עוֹלָם מַלְכֵּנוּ צוּר יַעֲקֹב מָגֵן

5 יִשְׁעֵנוּ. לְדוֹר וָדוֹר הוּא קַיָּם וּשְׁמוֹ קַיָּם וְכִסְאוֹ

6 נָכוֹן וּמַלְכוּתוֹ וֶאֱמוּנָתוֹ לָעַד קַיֶּמֶת וּדְבָרָיו

חַיִּים וְקַיָּמִים נֶאֱמָנִים וְנֶחֱמָדִים לָעַד וּלְעוֹלְמֵי ⁷

עוֹלָמִים, עַל־אֲבוֹתֵינוּ וְעָלֵינוּ עַל־בָּנֵינוּ וְעַל־ ⁸

דוֹרוֹתֵינוּ וְעַל כָּל־דוֹרוֹת זֶרַע יִשְׂרָאֵל עֲבָדֶיךָ. ⁹

God's words are enduring and everlasting, a law that shall not
pass away.

עַל הָרִאשׁוֹנִים וְעַל הָאַחֲרוֹנִים דָּבָר טוֹב וְקַיָּם ¹⁰

לְעוֹלָם וָעֶד. אֱמֶת וֶאֱמוּנָה חֹק וְלֹא יַעֲבוֹר. ¹¹

אֱמֶת שָׁאַתָּה הוּא יְיָ אֱלֹהֵינוּ וֵאלֹהֵי אֲבוֹתֵינוּ, ¹²

מַלְכֵּנוּ מֶלֶךְ אֲבוֹתֵינוּ גּוֹאֲלֵנוּ גּוֹאֵל אֲבוֹתֵינוּ ¹³

יוֹצְרֵנוּ צוּר יְשׁוּעָתֵנוּ פּוֹדֵנוּ וּמַצִּילֵנוּ מֵעוֹלָם ¹⁴

שְׁמֶךָ, אֵין אֱלֹהִים זוּלָתֶךָ. ¹⁵

God has helped our ancestors and their children in every
generation.

עֶזְרַת אֲבוֹתֵינוּ אַתָּה הוּא מֵעוֹלָם, מָגֵן ¹⁶

וּמוֹשִׁיעַ לִבְנֵיהֶם אַחֲרֵיהֶם בְּכָל דּוֹר וָדוֹר. ¹⁷

בְּרוּם עוֹלָם מוֹשָׁבֶךָ וּמִשְׁפָּטֶיךָ וְצִדְקָתְךָ עַד ¹⁸

אַפְסֵי־אָרֶץ. אַשְׁרֵי אִישׁ שֶׁיִּשְׁמַע לְמִצְוֹתֶיךָ ¹⁹

וְתוֹרָתְךָ וּדְבָרֶךָ יָשִׂים עַל לִבּוֹ. אֱמֶת אַתָּה 20

הוּא אָדוֹן לְעַמֶּךָ וּמֶלֶךְ גִּבּוֹר לָרִיב רִיבָם. 21

אֱמֶת אַתָּה הוּא רִאשׁוֹן וְאַתָּה הוּא אַחֲרוֹן 22

וּמִבַּלְעָדֶיךָ אֵין לָנוּ מֶלֶךְ גּוֹאֵל וּמוֹשִׁיעַ. 23

מִמִּצְרַיִם גְּאַלְתָּנוּ יְיָ אֱלֹהֵינוּ וּמִבֵּית עֲבָדִים 24

פְּדִיתָנוּ. כָּל־בְּכוֹרֵיהֶם הָרַגְתָּ וּבְכוֹרְךָ גָּאָלְתָּ, 25

וְיַם־סוּף בָּקַעְתָּ וְזֵדִים טִבַּעְתָּ וִידִידִים הֶעֱבַרְתָּ, 26

וַיְכַסּוּ מַיִם צָרֵיהֶם, אֶחָד מֵהֶם לֹא נוֹתָר. עַל־ 27

זֹאת שִׁבְּחוּ אֲהוּבִים וְרוֹמְמוּ אֵל, וְנָתְנוּ יְדִידִים 28

זְמִירוֹת, שִׁירוֹת וְתִשְׁבָּחוֹת, בְּרָכוֹת וְהוֹדָאוֹת, 29

לְמֶלֶךְ אֵל חַי וְקַיָּם. רָם וְנִשָּׂא גָּדוֹל וְנוֹרָא 30

מַשְׁפִּיל גֵּאִים וּמַגְבִּיהַּ שְׁפָלִים מוֹצִיא אֲסִירִים 31

וּפוֹדֶה עֲנָוִים וְעוֹזֵר דַּלִּים וְעוֹנֶה לְעַמּוֹ בְּעֵת 32

שַׁוְּעָם אֵלָיו. תְּהִלּוֹת לְאֵל עֶלְיוֹן בָּרוּךְ הוּא 33

וּמְבוֹרָךְ. מֹשֶׁה וּבְנֵי יִשְׂרָאֵל לְךָ עָנוּ שִׁירָה 34

בְּשִׂמְחָה רַבָּה, וְאָמְרוּ כֻלָּם: 35

87

Moses and the children of Israel sang a song to praise God's name.

מִי־כָמֹכָה בָּאֵלִם יְיָ, מִי כָּמֹכָה נֶאְדָּר בַּקֹּדֶשׁ, 36

נוֹרָא תְהִלֹּת עֹשֵׂה־פֶלֶא. 37

Who is like You, Lord, among the mighty,
Who is like You, glorious in holiness,
Inspiring in praises, working wonders?

שִׁירָה חֲדָשָׁה שִׁבְּחוּ גְאוּלִים לְשִׁמְךָ עַל־שְׂפַת 38

הַיָּם, יַחַד כֻּלָּם הוֹדוּ וְהִמְלִיכוּ וְאָמְרוּ: 39

יְיָ יִמְלֹךְ לְעֹלָם וָעֶד. 40

The Lord shall reign for ever and ever.

צוּר יִשְׂרָאֵל קוּמָה בְּעֶזְרַת יִשְׂרָאֵל, וּפְדֵה 41

כִנְאֻמֶךָ יְהוּדָה וְיִשְׂרָאֵל. גֹּאֲלֵנוּ יְיָ צְבָאוֹת שְׁמוֹ 42

קְדוֹשׁ יִשְׂרָאֵל. 43

בָּרוּךְ אַתָּה יְיָ גָּאַל יִשְׂרָאֵל. 44

Praised are You, Lord, who redeemed the people Israel.

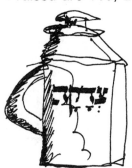

PRAYER STUDY

בִּרְכַּת גְאוּלָה is a בְּרָכָה.

The last line of בִּרְכַּת גְאוּלָה contains the three words found in every בְּרָכָה.

Find and lightly underline them.

Complete the בְּרָכָה.

בָּרוּךְ ______________________________

This sentence has been translated for you.

Write the English meaning here.

____

ROOTS

ג־א־ל is an important root in this בְּרָכָה.

ג־א־ל means "redeem," "redeemer," "redemption."

Write the three root letters. ___ ___ ___

Write the form of ג־א־ל found in the following lines:

line 13 ____________ line 13 ____________

line 23 ____________ line 24 ____________

line 25 ____________ line 38 ____________

line 42 ____________ line 43 ____________

The form read in the final sentence of the

בְּרָכָה is ____________.

MEMORY CHALLENGE

Can you read each ג־א־ל word without a mistake?

Can you recite the final line of the בְּרָכָה by heart?

Copy the entire Hebrew line that contains the phrase

עֹשֵׂה פֶלֶא, "doing wonders."

____

Do you remember the phrase לְעוֹלָם וָעֶד, "forever and ever"?

Write the entire line in which this phrase appears.

____

חֹק כָּמֹכָה בַּקֹּדֶשׁ תְּהִלֹּת יִמְלֹךְ גֹּאֲלֵנוּ מֹשֶׁה
קַיָּם קַיֶּמֶת יִשְׂרָאֵל יַעֲבוֹר שֶׁיִּשְׁמַע מִמִּצְרַיִם
חַי אֵלָיו וּמוֹשִׁיעַ צָרֵיהֶם וּדְבָרָיו וְקַיָּמִים
נֶאֱמָנִים וְנֶחֱמָדִים עֲבָדֶיךָ וּמִשְׁפָּטֶיךָ לְמִצְוֹתֶיךָ
גּוֹאֲלֵנוּ וּמְתֻקָּן וְקַיָּמִים דַּלִּים וַיְכַסּוּ שַׁוְעָם
הוֹדוֹ וּמַלְכוּתוֹ וֶאֱמוּנָתוֹ דוֹרוֹתֵינוּ יוֹצְרֵנוּ
וְיַצִּיב וּמַצִּילֵנוּ וְנָעִים יַעֲקֹב וְצִדְקָתְךָ יִשְׁעֵנוּ
עֲנָוִים לְמִצְוֹתֶיךָ זוּלָתְךָ זְמִירוֹת בְּעֶזְרַת וְעוֹזֵר
וְחָבִיב וְנֶחְמָד אֲהוּבִים אַחֲרֵיהֶם הָאַחֲרוֹנִים
וְכִסְאוֹ אַפְסֵי חַיִּים גֵּאִים וַיְכַסּוּ אֲסִירִים וְיַם
מַלְכֵּנוּ כִּנְאֻמֶךָ וְטוֹב וּמְקֻבָּל טִבַּעְתָּ קוֹמָה
גִּבּוֹר מָגֵן וְעוֹנֶה גָּאַלְתָּ וְנוֹרָא גְּאוּלִים עָלֵינוּ
וְיָפֶה פֶּלֶא פּוֹדֵנוּ שְׁפָלִים וּמִשְׁפָּטֶיךָ פְּדִיתָנוּ
מוֹשָׁבֶךָ עֹשֵׂה וְנִשָּׂא בְּשִׂמְחָה יְשׁוּעָתֵנוּ שְׂפַת
מֶלֶךְ יַחַד מִמִּצְרַיִם וּמוֹשִׁיעַ הָרַגְתָּ וּמַגְבִּיהַּ

MORE PRAYER STUDY

אֱמֶת is an important word in בִּרְכַּת גְּאוּלָּה.

אֱמֶת means "truth" or "true."

Write the Hebrew. ____________ Write its meaning. ____________

אֱמֶת is used when talking about God or His teachings.

Lightly underline אֱמֶת in lines 1, 4, 11, 20, 22.

Read each line with the word אֱמֶת.

GOD'S NAME

God's name is written in different ways.

יְיָ אֵל יְהוָֹה אֱלֹהִים אֱלֹהֵי

Write God's name as it appears in מִי־כָמֹכָה. ________

אֵל is found within several words in בִּרְכַּת גְּאוּלָה.

אֱלֹהֵי is new to you. Write it here: ____________

Find אֱלֹהֵי in line 4 and lightly underline it.

אֵל appears twice in line 12. Find the two words and write them here: ____________ ____________

Which form is repeated in line 24? ____________

אֱלֹהִים is new to you.

Write the two familiar letters in אֱלֹהִים. ______ ______

Find אֱלֹהִים in line 15 and lightly underline it.

Write the phrase in which you read אֱלֹהִים.

____

There is no God besides You.

Can you say this Hebrew phrase by heart?

ANALYZING THE בְּרָכָה

Lines 11-15 in בִּרְכַּת גְאוּלָה have many familiar words.

The word in line 11 that means "truth" ______________

The words in lines 12 and 13 that mean:

______________ ______________

our Redeemer our King

____________________ ______________

our fathers (ancestors) our God

The word in line 13 meaning "Redeemer" ______________

Each word with the suffix נוּ in line 14:

______________ ______________ ______________

____

Each of these words talks about our relationship with God.

He is ______ creator יוֹצְרֵנוּ

______ salvation יְשׁוּעָתֵנוּ

______ deliverer פּוֹדֵנוּ

______ the One who saves וּמַצִּילֵנוּ

READING CHALLENGE

Can you read the entire בְּרָכָה without a mistake?

SINGING CHALLENGE

Can you sing the praises the Israelites sang after they crossed the Red Sea?

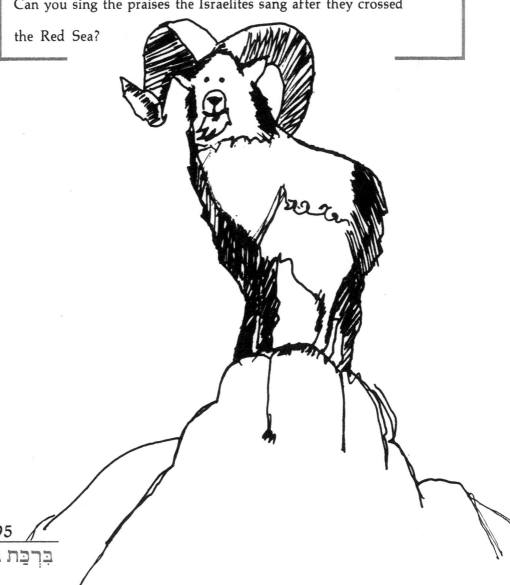

CONCLUSION

The words of the prayerbook present basic concepts of Jewish faith and tradition. In this book you have learned about Creation, Revelation, Redemption, the Covenant of mutual love and obligation between God and the people Israel, the merit of our ancestors, and the mitzvot of *tefillin, tzitzit* and *mezuzah.*

Soon you will study the next section in the Shabbat Morning Service. It is called the Amidah (עֲמִידָה). It follows immediately after קְרִיאַת שְׁמַע וּבִרְכוֹתֶיהָ. These two sections form a continuous passage of uninterrupted devotion. Traditionally, nothing except "Amen" should come between the last words of קְרִיאַת שְׁמַע וּבִרְכוֹתֶיהָ and the beginning of the עֲמִידָה. That is how we will end this book and begin the next:

אָמֵן